Soul of New York

30 ERLEBNISSE

VON TARAJIA MORRELL
FOTOS VON LIZ BARCLAY
MIT ILLUSTRATIONEN VON ABBIE ZUIDEMA

JONGLEZ VERLAG

Reiseführer

„ICH WAR GANZ EINFACH VERLIEBT IN NEW YORK.
DAS MEINE ICH NICHT IRGENDWIE FLAPSIG.
ICH MEINE, ICH LIEBTE NEW YORK SO,
WIE MAN DIE ALLERERSTE PERSON LIEBT,
DIE EINEN JE BERÜHRT HAT,
UND WIE MAN SPÄTER NIE MEI IR
JEMAND ANDEREN LIEBT."

JOAN DIDION

New York in 30 Erlebnissen beschreiben? Unmöglich. Reizvoll. Aufregend!

Als ich den Versuch startete, meine Stadt auf 30 Erlebnisse zu verdichten, begriff ich schnell, dass ihr Charme auch *zwischen* den Orten liegt, auf dem Weg also ebenso wie am Ziel.

Deshalb beschloss ich, in diesem Buch manchmal mehrere Orte zu einem Erlebnis zusammenzufassen – ähnlich wie ein New Yorker, der als Geschworener vor Gericht gerufen wird und sich diese Pflicht mit einem *Phô* zum Lunch bei Thái Son versüßt (einem hervorragenden vietnamesischen Restaurant an der Baxter Street, das bei den 30 Erlebnissen leider außen vor bleiben musste – dafür erwähne ich es hier). New York hat Charakter. Wir versuchen unaufhörlich, die Stadt nach unseren Vorstellungen zu verbiegen, aber sie gewinnt immer. Und auch wenn uns das fertigmacht, wir lieben die Stadt dafür nur umso mehr.

Wie vermutlich für jedes Kind der 1980er-Jahre war mein Spielplatz der Central Park. Anfang der 1990er-Jahre, als ich den mütterlichen Anweisungen zu trotzen begann, schlich ich mich davon nach SoHo (das damals noch nicht zu einem riesigen Einkaufszentrum verkommen war). Ende der 1990er-Jahre besuchte ich schummrige Restaurants, wie das Lucky Strike, und Nachtclubs, die heute – zum Glück oder leider …? – aus der Mode gekommen sind. Die Stadt ist ständig im Wandel, sie verändert ihre Größe und Form wie Alice im Wunderland (die Sie übrigens im Central Park besuchen sollten!). Sie flirtet mit Vergangenheit und Zukunft gleichermaßen. Viele Originale der Stadt mussten ihr Viertel im Zuge der Gentrifizierung und aufgrund habgieriger Eigentümer verlassen. An ihrer Stelle finden sich heute Klone, die uns mit altbekannten Tricks zu ködern versuchen. Es bricht mir beinahe das Herz, dass mancher mythische Ort, an den ich Sie entführen wollte, in diesem Strudel verschwunden ist, etwa das Restaurant El Quixote im Chelsea Hotel (in dem Bob Dylan, Dylan Thomas, Leonard Cohen und viele andere Dichter der Boheme zu Gast waren). Es wird vermutlich irgendwann als Luxusadresse wiederauferstehen. Doch auch das gehört zu New York.

Das Zurschautragen von Körper und Mode, Kunst und Geschäft auf der Straße ist hier so mitreißend wie eine Aufführung am Broadway. Die Stadt erkundet man am besten zu Fuß. Erweisen Sie ihr die Ehre, wenn Sie können.

Dieses Buch bietet natürlich nur eine kleine Auswahl der vielen Orte, die einen Umweg lohnen würden. Doch ich hoffe, es macht Ihnen Lust darauf, alle Gesichter unserer Stadt kennenzulernen: das alte und das neue, das bescheidene und das florierende, das kreative und das innovative, das der Snobs und das der Überlebenskünstler.

Lassen Sie sich von New York die Kräfte rauben. Es lohnt sich.

Tarajia Morrell, Autorin

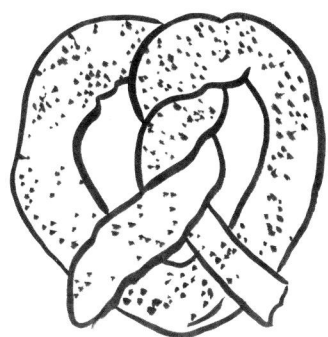

WAS SIE IN DIESEM REISEFÜHRER **NICHT FINDEN**

- Avocado-Sandwiches
- Tipps für den Broadway
- Instagram-Momente (leben Sie den Moment!)

WAS SIE IN DIESEM REISEFÜHRER **FINDEN**

- die Kunst, wie die Einheimischen Pizza zu essen (Achtung, heikles Thema!)
- das Wohnhaus eines wegweisenden Künstlers
- einen Tipp, wie Sie Ihren Taillenumfang auch ohne Sit-ups reduzieren
- tibetische Teigtaschen, versteckt hinter einem Handyshop
- die Karte eines historischen Feministen-Restaurants
- eine Eisdiele mit 88 verschiedenen Sorten
- Schmuck wie von Carrie Bradshaw

DIE SYMBOLE VON
SOUL OF NEW YORK

Kostenlos   Unter 20 $ 20 $ bis 100 $ Über 100 $

Wer zuerst kommt, mahlt zuerst   Unbedingt reservieren

100 % New York   Ideal für Paare

Informieren Sie sich zur Sicherheit vor dem Besuch der hier vorgestellten Orte im Internet über die aktuell geltenden Öffnungszeiten.

30 ERLEBNISSE

01. Ein echter Underground-Burger in Midtown
02. Mit Stil und Wespentaille durch die Stadt
03. Ein Vormittag in Harlem
04. Die Pizza Ihres Lebens
05. Surfen in New York City
06. Anti-Frust-Fitness mit The Class
07. Bo Ssäm schlemmen mit Freunden
08. Ein einzigartiges Kino
09. Williamsburg – was Sie nicht verpassen sollten
10. Das kleinste historische Hotelzimmer von New York
11. Oh, what a perfect day!
12. Einkaufen wie ein Küchenchef
13. Jazz mit dem Geist von Miles Davis
14. Philosophisches zum Thema Brunch
15. Das *Omakase* eines Exzentrikers
16. Das magische Trio von Chinatown
17. Zum Tennis in einen alten Bahnhof
18. Das „most appetizing" Restaurant von New York
19. Tauchen Sie ein – mit einem Martini und einem Kinderbuch
20. Schenken wie ein echter New Yorker
21. Das kreative Universum von Donald Judd
22. Ein Thai-American Diner im Retro-Ambiente
23. Poetry Slam
24. Der Charme des Central Park
25. Wie Sie Queens für sich entdecken
26. Ein Restaurant – hoffentlich – für die Ewigkeit
27. 88 Eissorten (und Schaumwein)
28. Pastrami on Rye
29. Dahintreiben in einer römischen Therme
30. Ein Hotel für jeden Abend

EIN ECHTER „UNDERGROUND"-BURGER

Gründe, nach Midtown zu kommen, gibt es genug: Shopping auf der Fifth Avenue, das MoMA, Eislaufen unter dem riesigen Weihnachtsbaum am Rockefeller Center, eine Oper im Lincoln Center oder ein Musical am Times Square … Doch kaum etwas ist schöner als die schicke Lobby des Parker Hotels zu betreten, nach einem Neonwegweiser Ausschau zu halten und sich vom Duft gegrillten Rindfleischs zu einem der besten Burger-Restaurants in New York leiten zu lassen. Hier gibt es keinen Schnickschnack. In diesen Raum, der wie ein als Punkclub verkleideter Bunker aussieht, kommt man nur für eines: für die perfekte Kombi aus Steak, amerikanischem Käse, Eisbergsalat, Tomate und Gurke.

Da wir Stilmix lieben, empfehle ich Ihnen, den Abend mit einem exklusiven Aperitif am angesagtesten Hotspot von Midtown einzuläuten, in The Grill, einem von Mies van der Rohe entworfenen Restaurant, in dem Trends geboren werden. Danach direkt auf einen echten, unverstellten Cheeseburger ab ins alternative Burger Joint.

THE BURGER JOINT
THE PARKER HOTEL
119 WEST 56TH ST

+1 (212) 708 7414

burgerjointny.com

THE GRILL
THE SEAGRAM BUILDING
99 EAST 52ND ST

+1 (212) 375 9001

thegrillnewyork.com

MIT STIL UND WESPENTAILLE
DURCH DIE STADT

Als Stadtteil, in dem einst unzählige Modeateliers und Stoffgeschäfte eine Heimat fanden, ebenso wie die dort angestellten Einwanderer, ist die Lower East Side heute unsere Lieblingsgegend für maßgeschneiderte Kleidung.

Männer auf der Suche nach einem Anzug finden ihr Glück im Freemans Sporting Club. Auf dieses Geschäft geht der beliebte Holzfällerlook zurück. Doch auch für Ihren neuen Smoking wird hier das Maßband angelegt. Ansonsten empfehlen wir eine Jacke oder ein edel-rustikales Cap aus der Kollektion. Und ja, die Schneider von Freemans nehmen auch gern bei Damen Maß.

 FREEMANS SPORTING CLUB
8 RIVINGTON ST

+1 (212) 673 3209   freemanssportingclub.com

Übrigens, meine lieben Damen, wenn Sie sich schon immer eine schöne Figur gewünscht haben, ohne dafür anstrengende Sit-ups zu machen, dann statten Sie Orchard Corset einen Besuch ab. Hier ist man seit 1968 darauf spezialisiert, weibliche Kurven perfekt in Szene zu setzen. Die Inhaberin Peggy Bergstein bestimmt Ihren (aktuellen oder künftigen) Taillenumfang mit einem Blick. Ihr Versprechen? Etwa zehn Zentimeter weniger. Daneben ist Orchard Corset auf Damenwäsche mit durchdachten Schnitten spezialisiert. Verändert hat sich hier in den letzten 50 Jahren nicht viel, außer dass heute neben Madonna oder Lizzo auch Scharen anderer Frauen den Weg hierher finden, die glauben machen wollen, dass ihre Wespentaille 100 Prozent natürlich sei.

 ORCHARD CORSET
157 ORCHARD ST

+1 (212) 874 0786

EIN VORMITTAG
IN HARLEM

Die Seele New Yorks liegt in Harlem. Die Stadt besuchen, ohne einen Abstecher in diesen Stadtteil zu machen? Undenkbar. Statten Sie unbedingt dem Studio Museum of Harlem, das sich der Arbeit von Künstlern afrikanischer Herkunft widmet, und dem Schomberg Center for Research in Black Culture einen Besuch ab. Und legen Sie zwischendurch eine Pause in einem der ikonischen Restaurants von Harlem ein.

Sylvia's, das Restaurant, dessen Gerichte seit 1962 von morgens bis abends das Herz erwärmen, ist eine echte Institution (als Beilage empfehlen wir die unglaublich cremigen *grits* aus Maisgrieß, eine Spezialität der Südstaaten). Einen Häuserblock weiter befindet sich das Red Rooster Harlem unter Küchenchef Marcus Samuelsson: eine farbenfrohe Ode an die zahlreichen kulinarischen Traditionen des Viertels.

SYLVIA'S
328 MALCOLM X BLV

+1 (212) 996 0660   sylviasrestaurant.com

CHARLES' COUNTRY PAN FRIED CHICKEN
340 WEST 145 ST (ECKE EDGECOMBE AVE.)

+1 (212) 281 1800

charlespanfriedchicken.com

Auf keinen Fall verpassen sollten Sie auch das kleine, einfache Restaurant Charles' Country Pan Fried Chicken an seinem neuen Standort an der West 145th Street. Der auf einer Südstaatenplantage geborene Inhaber Charles Gabriel lebt seit 1965 in New York und bereitet seine Brathähnchen seit Jahrzehnten zu. Wenn Sie unsere Meinung wissen wollen: zum Niederknien. Anstelle einer Siesta nach den (obligatorischen) Süßkartoffeln machen Sie einen Spaziergang in Richtung Süden, vorbei am Apollo Theater und am Hotel Theresa. Das Ziel: die Harlem Haberdashery, ein Bekleidungsgeschäft, das den Weg lohnt!

DIE PIZZA
IHRES LEBENS

Unsere Stadt liebt Pizza. Überall gibt es Slice Shops (für Pizza-Ecken zum Mitnehmen) und feine Pizzerien. Keine kann jedoch dem Roberta's das Wasser reichen. Das Roberta's ist die Quintessenz der hippen Künstler-Community, der es entstammt. Das Restaurant selbst hat sich seit seiner Eröffnung 2008 hier in Bushwick nicht verändert: Graffitis an den Wänden, ein Holzofen und kleine Holztische, eine hawaiianische Bar, ein leicht heruntergekommener Garten und eine Küche, aus der die besten Pizzen und italienischen Gerichte des Planeten herübergereicht werden. Inzwischen gehören zum Geschäftsmodell des Roberta's außerdem sein Zwei-Sterne-Ableger Blanca auf der anderen Seite des Gartens sowie die Tiefkühlpizzen, die landesweit im Supermarkt verkauft werden. Während man Morcilla mit Birne und eine Pizza „Cowabunga Dude" isst, moderieren Foodies live aus ihrem Studio mit Blick auf die Gaststube eine kulinarische Sendung. Es ist dieses Ambiente, das den Schuppen hier einzigartig macht und das man zu Hause einfach nicht so hinbekommt.

 ROBERTA'S
261 MOORE ST
BROOKLYN, NY 11206

+1 (718) 417 1118   robertaspizza.com

ROBERTA'S PIZZA

ROBERTA'S PIZZA

23

PIZZA-ECKEN ESSEN WIE EIN NEW YORKER

Die „Slice Shops", wie die New Yorker ihre heiß geliebten einfachen Pizzerien nennen, in denen Pizza vor allem in Stücken verkauft wird, spielen in der Stadt eine ähnlich große Rolle wie die Delis. Beinahe jeder Häuserblock hat seinen eigenen Slice Shop und der wird vor allem spätabends zu einer der Hauptsäulen des New Yorker Ernährungsplans. Er bietet den idealen Einstieg in eine nächtliche Tour, ist perfekt, um nach einer langen Nacht neue Kräfte zu sammeln, und wunderbar als Katerfrühstück. Pizza Slices sind auch optimal, um mit wenig Geld in dieser wahnsinnigen Metropole zu überleben.

Wenn Sie als Local durchgehen wollen, sollten Sie wie folgt vorgehen:

(Hinweis: Dieses Thema wird heiß diskutiert.)

SURFEN IN
NEW YORK CITY

Unsere liebsten Badestrände sind vom Zentrum aus mit dem Auto oder der Subway (Linie A) schnell zu erreichen. Anna Polonsky, Gründerin der Agentur Polonsky & Friends, und Fernando Aciar, Keramikkünstler und Gründer des OStudio und des OCafé, geben 18 Tipps, wie man das Beste aus einem Tag am Rockaway Beach macht:

Auf geht's zum Strand! Die Atmosphäre ist phänomenal – auch im Winter!

1. Machen Sie einen Strandspaziergang. Beginnen Sie auf Höhe der Beach 67th Street und schlendern Sie Richtung Westen.

2. Uma's: Leckere usbekische Snacks.
92-07 Rockaway Beach Blvd

3. Tacoway Beach*: Geburtsort der Legende von Rockaway!
Surf Club, 302 Beach 87th St

4. Whit's End: Holzofenpizza + gutes Essen von Küchenchef Whitney Aycock. Nur Barzahlung.
97-02 Rockaway Beach Blvd

*Nur in der schönen Jahreszeit

5. La Fruteria*: Feine Avocado-Smoothies.
Rockaway Beach Club, Beach 97th St

6. La Cevicheria*: Die beste Cevicheria der Stadt!
97-01 Shore Front Pkwy, Beach 97th St

7. Goody's: Jamaikanische Küche zum Niederknien!
7018 Amstel Blvd, Arverne

8. Rippers*: Rock'n'roll & Classic Burger.
8601 Shore Front Pkwy, Beach 86th St

9. Rockaway Brewing Co.: Mikrobrauerei + gutes, wechselndes Streetfood + coole Abendlocation.
415 B 72nd St, Arverne

10. Rockaway Beach Bakery: Die Schinken-Käse-Croissants und die Brownies sind der Knaller!
87-10 Rockaway Beach Blvd

11. Cuisine by Claudette: Himmlischer Bananenkuchen und Açaí Bowls.
190 Beach 69th St, Arverne

12. Caracas*: Die besten *Arepas* von NY!
106-01 Shore Front Pkwy

13.a. Edgemere Farm*: Obst, Gemüse, Honig und Bioprodukte.
385 B 45th St

13.b. Edgemere auf dem Wochenmarkt: ganzjährig, immer am Wochenende.
3-23 Beach 74th St, Far Rockaway, NY 11692

14. In dem Hafen am westlichen Ende der Thursby Ave bei der B 72nd Street, Arverne, werden Bootsausflüge angeboten. Fahren Sie am besten zum Sonnenuntergang!

15. The Castle Rockaway: Zimmer, Abendveranstaltungen, Pop-ups, Ateliers …
Beach 117th St

*Nur in der schönen Jahreszeit

© JAMIE BAIRD

ANTI-FRUST-FITNESS
MIT THE CLASS

New York ist anstrengend. Man bekommt nichts geschenkt, egal, ob man hier lebt oder von weither angereist ist. Das richtige Gegenmittel, um nicht durchzudrehen? The Class by Taryn Toomey. Hier können Sie Frust ablassen, sich auspowern und zugleich den Körper in Form bringen.

Die Gründerin, Taryn Toomey, lädt dazu ein, loszulassen: Grunzen, schreien und ächzen Sie. Lassen Sie alles raus. Die Supermodels Gisele Bündchen und Christy Turlington schwören auf The Class, das Elemente von Yoga, Calisthenics, Plyometric und Aerobic miteinander verbindet. Dazu ordentlich Sound. Toomey nimmt uns mit Sprüngen, Workout und tiefer Atmung auf eine Reise zu uns selbst mit. Das reinigt Herz, Körper und Geist. Endzustand: erfüllt – und bereit für einen neuen Tag in New York.

THE CLASS
22 PARK PLACE, 3. STOCK

| Online-Reservierung erforderlich | Turnschuhe anziehen und früh da sein 35 $ | theclass.com |

BO SSÄM SCHLEMMEN MIT FREUNDEN

Eine sieben Stunden gegarte Schweineschulter mit zartem, saftigem Fleisch, eingehüllt in eine Glasur aus Rohrohrzucker: Das ist der Protagonist von Bo Ssäm, einem koreanischen Salatwrap – mit Kimchi, Barbecuesauce, Zwiebeln und Ingwer der Star eines geselligen Abends. Lassen Sie es sich mit sechs bis zehn Freunden schmecken. Dazu Austern und ein feiner Riesling oder Beaujolais, und das Glück ist perfekt.

Die Momofuku Ssäm Bar ist die zweite Location des Restaurantunternehmers David Chang. Auf der vielseitigen Speisekarte stehen leckere Gerichte, die oft mit den Händen gegessen werden. Wahrscheinlich hat kaum jemand die asiatisch-amerikanische Küche und die Esskultur in East Village so sehr beeinflusst wie Chang mit seinem Momofuku-Imperium (die Momofuku Noodle Bar ist auch ganz in der Nähe).

FEST STEHT: Hier kann man einfach an nichts anderes denken als an den nächsten Bissen Schinken mit Kaffee-Sriracha-Majo oder Ssäm mit Schweine-, Enten- oder Krabbenfleisch.

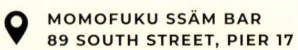

MOMOFUKU SSÄM BAR
89 SOUTH STREET, PIER 17

+1 (212) 254 3500   ssambar.momofuku.com

EIN
EINZIGARTIGES KINO

Der New Yorker Designer und Filmemacher Alexander Olch träumte davon, sein eigenes Vintage-Kino zu eröffnen, das in Ausstattung und Programm eine Hommage an das Goldene Zeitalter Hollywoods sein sollte. Wer ins Metrograph geht, träumt diesen wahr gewordenen Traum mit Olch gemeinsam.

Abend für Abend laufen im Metrograph Denkmäler des Kinos: zeitgenössische Klassiker wie die Filme von Paul Thomas Anderson, zeitlose Meisterwerke wie *E.T.* von Steven Spielberg, große Namen wie Godard, Preminger, Wilder und Kubrick oder Arbeiten neuer Regisseure wie Noah Baumbach und Spike Jonze. Das Programm des Metrograph wird mit Liebe ausgewählt und im 35-mm-Format gezeigt, dem Klassiker der siebten Kunst (außer bei digital gedrehten Filmen). Die aus alten Baustoffen der früheren Zuckerraffinerie Domino in Brooklyn maßgefertigten Samtsessel tauchen den Saal in sanften Holzgeruch.

Das Metrograph verkörpert mit jeder seiner Fasern das, was New York am besten kann: Risiken eingehen, um sich beständig selbst zu erneuern, um Kultur zu bewahren und eine Zukunft zu sichern, in der es sich zu leben lohnt.

METROGRAPH
7 LUDLOW ST

+1 (212) 660 0312   metrograph.com

#09

WILLIAMSBURG – WAS SIE
NICHT VERPASSEN SOLLTEN

Die beste Adresse, um in Brooklyn einzuchecken, ist das Hotel Wythe in Williamsburg in einer alten Fabrik von 1901. Die beiden Bar-Restaurants – Lemon's und Le Crocodile – stehen auch externen Besuchern offen. Mit ihrer außergewöhnlichen Küche und ihrem lässig-eleganten Ambiente machen sie das Wythe zum perfekten Ort, um abzuschalten.

Ein absolutes Muss für jeden Besucher von Williamsburg ist ein Aperitif im Achilles Heel in Greenpoint, einer der besten Bars der Welt. Im Bathhouse wählen Sie zwischen Hamam, Sauna oder Massage. Im Vintage-Angebot von Beacon's Closet findet garantiert jeder sein neues Lieblingsteil. Ein gehobenes Shoppingerlebnis mit ausgewähltem Schmuck und erlesenen Haushaltswaren verspricht das stylishe Mociun. Was fürs Ohr gibt es in konzeptioneller Architektur bei einem Konzert im National Sawdust. Abends empfehlen wir eine Reservierung im einfach himmlischen italienischen Restaurant Lilia (unbedingt die Mafaldini bestellen!) oder im Sternerestaurant The Four Horsemen (auch mittags empfehlenswert). Keine Reservierung? Dann gehen Sie ins Diner, das Restaurant, das vor allen anderen da war. Und wenn Sie dann noch nicht genug haben, ist es Zeit für einen Besuch im Baby's All Right. Livemusik und feurige Atmosphäre garantiert.

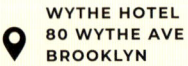

WYTHE HOTEL
80 WYTHE AVE
BROOKLYN

+1 (718) 460 8000

wythehotel.com

YTHE HOTEL

THE HOTEL

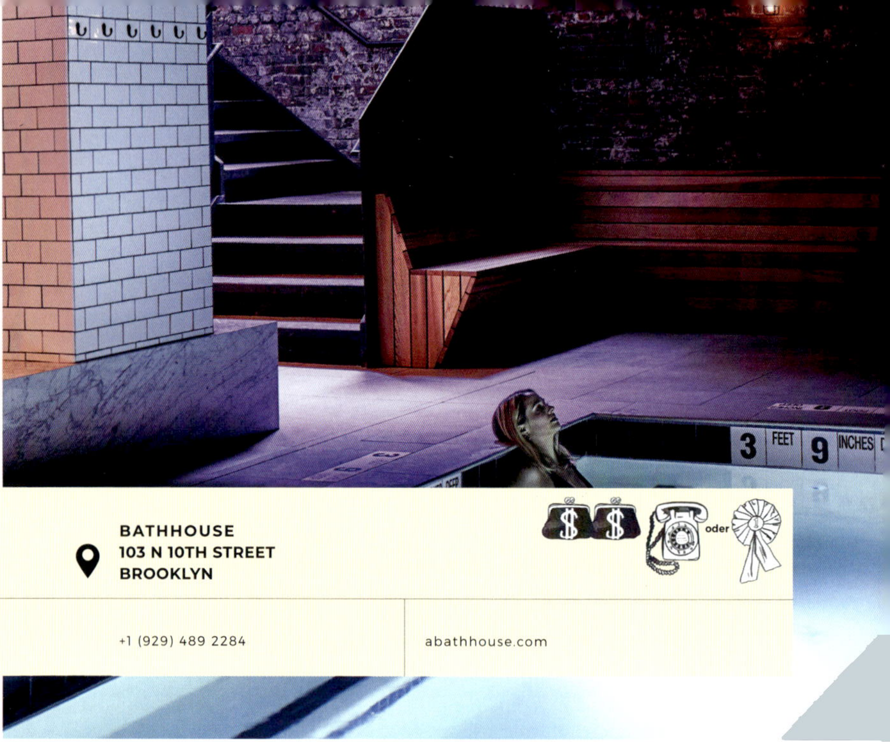

BATHHOUSE
103 N 10TH STREET
BROOKLYN

oder

+1 (929) 489 2284

abathhouse.com

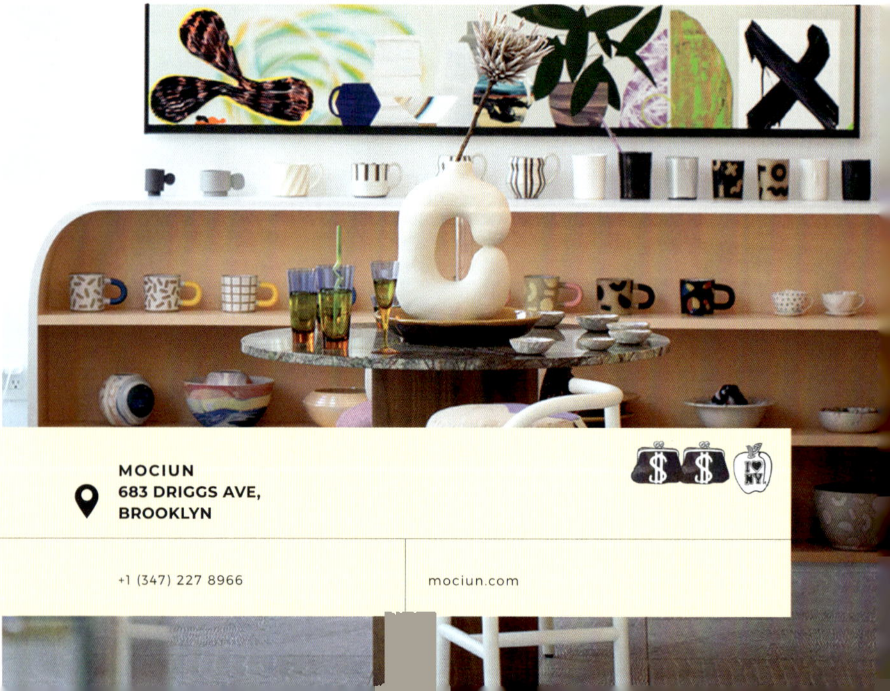

MOCIUN
683 DRIGGS AVE,
BROOKLYN

+1 (347) 227 8966

mociun.com

LILIA
567 UNION AVE
BROOKLYN

+1 (718) 576 3095

lilianewyork.com

© THE JANE HOTEL

© THE JANE HOTEL

DAS KLEINSTE HISTORISCHE HOTELZIMMER
VON NEW YORK

Reisende, deren Budget keine Grenzen gesetzt sind, können natürlich im Carlyle, im Bowery oder im Greenwich Hotel absteigen. Wenn sich Ihr Style dagegen eher nicht in Ihrem Geldbeutel niederschlägt, ist The Jane wie für Sie gemacht: Willkommen in einem alten Seemannsheim im Herzen von West Village, nur ein paar Schritte von der High Line und dem brandneuen Whitney Museum entfernt. 1912 wurden hier die Schiffbrüchigen der Titanic untergebracht. In den 1980er- und 1990er-Jahren war The Jane das Epizentrum von Alternativkultur und Rebel Rock. Heute ist es mit seinen winzigen Kajütenzimmern trendiger Hotspot für Low-Budget-Reisende. In den Gemeinschaftsbädern kommen Sie beim Zähneputzen mit Unbekannten ins Gespräch. Und anders als die bescheidene Größe der Zimmer glauben machen könnte, finden im Ballsaal einige der angesagtesten Partys von Downtown Manhattan statt.

📍 **THE JANE HOTEL**
113 JANE ST

+1 (212) 924 6700

thejanenyc.com

© THE JANE HOTEL

OH, WHAT A **PERFECT DAY!**

A. PERFECT DAY NR. °1, DOWNTOWN WESTSIDE:

Beginnen Sie den Tag mit einem Bodega-Sandwich im High Street on Hudson. Spazieren Sie anschließend auf der High Line bis Chelsea und flanieren Sie zwischen der 18th und der 26th Street von einer Kunstgalerie zur nächsten. Gehen Sie über die 9th Avenue zurück zur West 10th Street. Schlendern Sie weiter Downtown durch die malerischen Straßen des West Village und genießen Sie im Via Carota Ihren wohlverdienten Lunch, bevor Sie im Stonewall Inn den Kämpfern für die Rechte Homosexueller die Ehre erweisen. Im Washington Square Park lassen Sie einfach das öffentliche Schauspiel auf sich wirken. Etwas weiter, in der Wooster Street, können Sie zwischen den Türmen von I. M. Pei der Büste der Sylvette, einer Statue von Picasso, Hallo sagen, bevor Sie in SoHo bei What Goes Around Comes Around vorbeischauen, wo es tolle Vintage-Klamotten gibt. Dann ist auch schon Zeit fürs Abendessen bei Frenchette.

 FRENCHETTE
241 W BROADWAY

+1 (212) 334 3883

frenchettenyc.com

WHAT GOES AROUND COMES AROUND
351 WEST BROADWAY NEW YORK

+1 (212) 343-1225

whatgoesaroundnyc.com

B. PERFECT DAY NR. 2, EAST VILLAGE & LOWER EAST SIDE

Starten Sie mit Gebäck und Kaffee von Abraço mit dem richtigen Fuß in den Tag. Liebhaber von Büchern schauen danach bei Dashwood Books oder Bonnie Slotnick Cookbooks vorbei, einer Buchhandlung im Liliputformat mit einer atemberaubenden Auswahl an Kochbüchern. Auf der Suche nach Souvenirs? Dann sind Sie bei John Derian an der East 2nd Street richtig. Schlendern Sie anschließend auf der Bowery bis zum New Museum. Wenn Sie durstig sind, setzen Sie sich auf einen Cocktail in die Bar des Freemans, des Restaurants, dem wir den Trend von Edison-Glühbirnen und Jagdtrophäen verdanken. Zum Abendessen führt Sie der Weg in die Naturwein-Bar Wildair, den perfekten Absacker gibt es im Ten Bells. Im Lucy's an der Avenue A begleiten Sie Jukebox, Billardtisch und Cocktails auf Ihrer Reise ans Ende der Nacht.

DASHWOOD BOOKS
33 BOND ST A

+1 (212) 387 8520

dashwoodbooks.com

© TIMOTHY SCHENCK

KÜCHENCHEFS: IÑAKI AIZPITARTE, JEREMIAH STONE (CONTRA, WILDAIR & PEOPLES), PAUL BOUDIER

EINKAUFEN WIE
EIN KÜCHENCHEF

Downtown New York ist ein urbaner Dschungel, so viel steht fest. Doch jenseits der Vororte gehen die Landwirte ihrer harten Arbeit nach. Sie sind die wahren Helden der kulinarischen Szene der Stadt. Sie beliefern unsere besten Küchenchefs und zahlreiche New Yorker, für die gutes Essen unverzichtbar ist. Lokale Schweinerassen, ohne Hormonspritzen aufgezogene Hühner, Auberginen zum Dahinschmelzen, Pflaumen und Aprikosen im Juni, Kurkuma und Chinakohl im Dezember: All das gibt es hier.

Bis zum Aufkommen der kurzen Wege in den 1970er-Jahren galt es in den USA als Zeichen für Wohlstand, nach Lust und Laune jederzeit zu essen, was man wollte. Lokales und saisonales Essen war etwas für Hinterwäldler. Das ist heute anders. Heute ist es eher den Privilegierten vorbehalten, die besten saisonalen Erzeugnisse aus nachhaltigem Anbau zu genießen.

 UNION SQUARE GREENMARKET
UNION SQUARE
MANHATTAN

grownyc.org

JAZZ HÖREN
MIT DEM GEIST VON MILES DAVIS

Wenn die Mauern des Village Vanguard sprechen könnten, hätten sie sicher einiges zu erzählen über die Künstler, die sich hier seit der Eröffnung 1935 die Klinke in die Hand gegeben haben: Miles Davis, Thelonious Monk, Charles Mingus, Stan Getz, Bill Evans – die Größten der Großen beehrten diesen kleinen Keller-Club in Greenwich Village im Lauf der Jahre mit ihren bezaubernden Improvisationen.

 THE VILLAGE VANGUARD
178 7TH AVE S

+1 (212) 255 4037   villagevanguard.com

ARCHITEKTONISCHE
IKONEN

DIE BROOKLYN BRIDGE

SITZ DER VEREINTEN NATIONEN

DAS GUGGENHEIM-MUSEUM

THE OCULUS

DAS CHRYSLER BUILDING

DAS EMPIRE STATE BUILDING

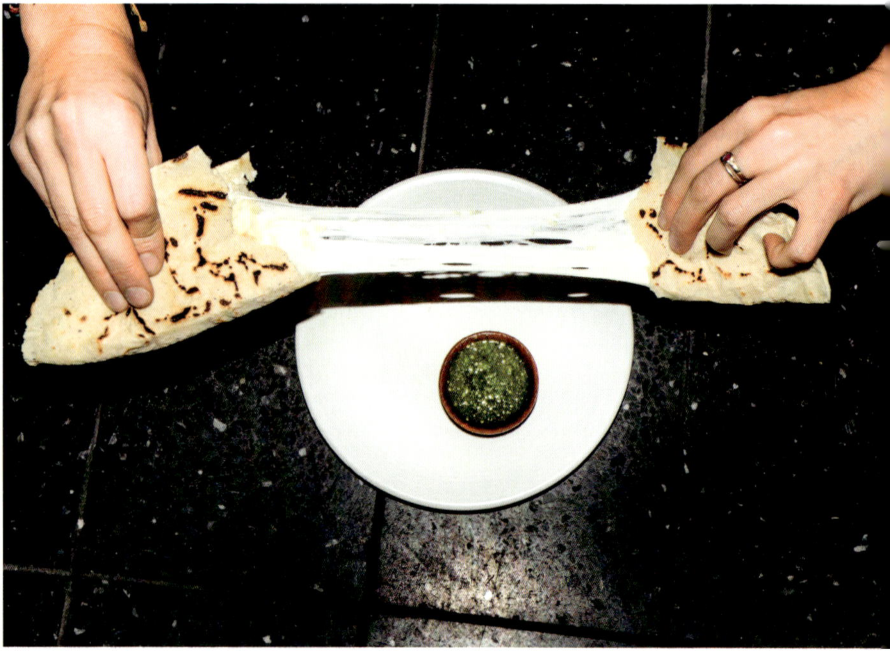

ATLA
372 LAFAYETTE ST

+1 (347) 662 3522

atlanyc.com

#14

PHILOSOPHISCHES
ZUM THEMA BRUNCH

Den modernen Brunch, eine durch und durch amerikanische Erfindung, verbindet man heute oft mit exzessivem Essen. Für uns wie für Alta geht es jedoch eher darum, uns treiben zu lassen, als uns zu betrinken; um perfekte Burger und Pasta-Gerichte viel mehr als um zehnerlei Eier und eine Bellini-Party am helllichten Tag. Zum idealen Brunch gehört ein romantischer Ausflug mit dem Fahrrad oder ein Spaziergang Hand in Hand, nach dem man sich über einer Auswahl feiner Häppchen tief in die Augen schaut oder bei einem Gläschen Wein an der Bar flirtet, bevor man miteinander eine Ausstellung besucht oder ins Kino geht. Auch ohne Schmetterlinge im Bauch bietet unser „ausgedehnter Wochenend-Lunch" eine wunderbare Gelegenheit, mit lieben Freunden zusammenzusitzen und plaudernd einen Nachmittag auf dem Trödelmarkt, in der Sonne oder mit einem Spaziergang einzuläuten.

DAS *OMAKASE* EINES EXZENTRIKERS

Eines der besten *Omakase*-Restaurants New Yorks (*omakase* = „Der Koch entscheidet, was er serviert") findet man dort, wo man es am wenigsten erwarten würde. Erstens liegt es in Chinatown. Zweitens gehört dazu auch eine *izakaya* und Cocktailbar, das Straylight, im Souterrain. Dessen Ambiente: psychedelischer Trip, inspiriert von der Art brut und mit der Signatur zweier ausgezeichneter Künstler, Jonah Freeman und Justin Lowe.

Doch selbst ohne all das lohnt die *Omakase*-Bar von Kazuo Yoshida den Umweg (und die Rechnung). Mit seiner überschwänglichen Art, seinen leuchtenden Haaren und seinem Hang zu hippen Street-Style-Namen präsentiert Ihnen der in Nagasaki geborene Yoshida ein perfektes Sushi-Ballett mit Bernsteinmakrele, gefleckter Sardine oder Thunfisch und verwöhnt unseren Gaumen mit verschiedensten Zubereitungen von Seeigel, seinem persönlichen Favoriten.

Und wenn er Ihnen etwas wirklich Ungewöhnliches anbietet, wie Fischmilch (Shirako), dann sagen Sie JA und vertrauen ganz einfach auf seinen guten Geschmack.

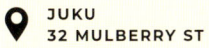

JUKU
32 MULBERRY ST

+1 (646) 590 2111

jukunyc.com

© JUKU

65

DAS MAGISCHE TRIO
VON CHINATOWN

Oh, Chinatown, deine Straßenstände voller Oktopus und Durian-Früchten, deine alterslosen Bewohner, die im Vorbeigehen auf den Boden spucken, deine Massagesalons, chinesischen Supermärkte und, natürlich, Restaurants. Kein Weg führt bei einem Trip nach New York an diesem etwas schmuddeligen Viertel vorbei, das seit über 100 Jahren von Einwanderern bewohnt wird, die auf der Suche nach einem besseren Leben in unsere Stadt kamen. Hier findet man chinesische Samtschuhe, Nippes bis zum Abwinken, gefälschte Louis-Vuitton- und Gucci-Handtaschen – und einige der besten Restaurants der Stadt. Royal Seafood, Golden Unicorn, Oriental Garden und Jing Fong sind feste Größen. Das Trio in diesem Erlebnis umfasst ein Mittagessen bei Dim Sum Go Go, eine Kopfmassage samt Brushing im Salon Mian Tian und Klinkerkram von New Top Jewelry.

 DIM SUM GO GO
5 E BROADWAY
(ZW. CATHERINE ST & CHATHAM SQ)

+1 (212) 732 0797   dimsumgogo.com

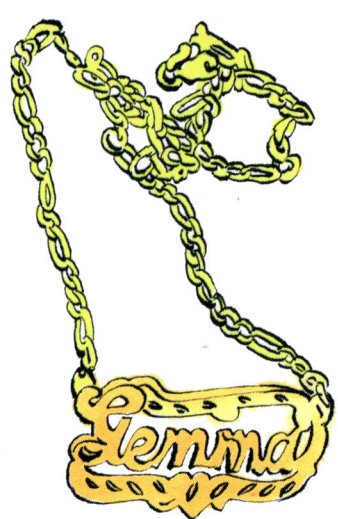

TIPPS:

- Probieren Sie bei Dim Sum Go Go unbedingt Dim Sum mit Ente, mit Pilzen oder mit Schnittlauch und Garnelen, den Rübenkuchen mit Schinken, die geeisten Nüsse mit Honig und Schnittlauch.

- Im Friseursalon Mian Tian Sing (170 Canal Street, 2. Stock) empfehlen wir einmal „Shampoo/Blow/Style": Zehn Minuten Nacken- und Schultermassage, fünf Minuten Kopfmassage und Shampoo im Friseurstuhl, zehn Minuten Massage und Shampoo am Becken und zum Schluss ein feines Brushing – nicht schlecht für 15 bis 25 $.

- Erwachsene, die in Sachen Style etwas auf sich halten, gehen zu New Top Jewelry und versorgen sich hier mit den trendigsten Kreolen, Ohrhängern und Namenskettchen à la Carrie Bradshaw. Sagen Sie Jane, dass wir Sie geschickt haben.

NEW TOP JEWELRY
185 CENTRE ST

+1 (212) 226 8159   Instagram: janes8103

#17

ZUM TENNIS IN EINEN
ALTEN BAHNHOF

Manch einer käme nicht so leicht selbst drauf: Der Besuch der Grand Central Station – eines Prachtstücks der Architektur und Ingenieurskunst – ist ein Muss. Bewundern Sie den herrlichen Kuppelbau, besuchen Sie die Flüstergalerie und runden Sie Ihren Besuch ... mit einer Partie Tennis im vierten Stock ab.

Der Vanderbilt Tennis Club verbirgt sich in den Räumlichkeiten der früheren Grand Central Art Galleries, die 1922 von einigen Künstlern gegründet wurden, unter anderem John Singer Sargent, und bis 1952 bestanden. Heute befinden sich hier ein Hartplatz in Turniergröße und ein Junior Court sowie zwei Trainingsplätze mit Ballmaschine. Einfach reservieren, und los geht's.

 VANDERBILT TENNIS CLUB
15 VANDERBILT AVE (4. STOCK)

+1 (212) 599 6500
Unbedingt reservieren

vanderbilttennisclub.com

DAS „MOST APPETIZING" RESTAURANT
IN NEW YORK

1935 floriert das Unternehmen, doch Russ hat keinen Sohn, sondern drei Töchter. Seine Entscheidung, diese zu Gesellschafterinnen zu erklären und das Familienunternehmen in „Russ & Daughters" umzubenennen, sorgt für großes Aufsehen.

Das grandiose Russ & Daughters Cafe an der Orchard St verdanken wir der vierten Generation, Josh Russ Tupper und Niki Russ Federman. Mit seiner hausgemachten und kreativen jüdischen Küche ist es extrem erfolgreich. Wir lieben den *Super Heebster*, einen Salat aus weißem Fisch und Lachs mit Wasabi-Kaviar. Josh und Niki setzen auch mit ihren Cafés im Jewish Museum in Uptown und der Navy Yard in Brooklyn eine Familientradition fort.

RUSS & DAUGHTERS CAFE
127 ORCHARD ST

+1 (212) 475 4880 ext. 2

russanddaughterscafe.com

- JOSH RUSS TUPPER UND NIKI RUSS FEDERMAN -

INHABER VON RUSS & DAUGHTERS, DEM ERSTEN AMERIKANISCHEN UNTERNEHMEN, DAS „& TÖCHTER" IN SEINEN FIRMENNAMEN AUFNAHM UND HEUTE IN DER VIERTEN GENERATION GEFÜHRT WIRD

Sie selbst bezeichnen Ihr Essen als „appetizing". Wie darf man das verstehen?

NIKI: Appetizing ist ein kulinarisches Symbol von New York. Eine Tradition, die durch die jüdischen Einwanderer in der Stadt Einzug hielt. Die Bezeichnung ist in Vergessenheit geraten, aber wir tun alles, um sie wiederzubeleben; sie gehört zu New York.

JOSH: Der Appetizing Store bildet das Gegenstück zum Deli. Das Deli verkauft Fleisch, wir verkaufen Milchprodukte, geräucherten und getrockneten Fisch. „Appetizing" ist der Sammelbegriff für alles, was auf den perfekten Bagel kommt.

Russ & Daughters ist seit 1914 eine Institution. Den Fortbestand eines Familien-unternehmens in New York zu sichern, ist kein Selbstläufer. Hatten Sie je Zweifel, ob Sie es schaffen würden?

J: Natürlich. Es gibt immer wieder Rückschläge. Vor allem, wenn man ein Restaurant eröffnen möchte, ohne zu wissen, wie man ein Restaurant eröffnet.

N: Scheitern ist keine Option. Wir tragen Verantwortung für

das Erbe der früheren Generationen und für unsere Kunden, die New Yorker. Wir wollen nicht die Generation sein, die es gegen die Wand gefahren hat. Aber wir ziehen viel Inspiration aus dem Geschäft in der East Houston Street. Es ist unser Orientierungspunkt bei allem, was wir tun. So bleiben wir authentisch und planen vernünftig.

J: Wir denken und handeln ja langfristig.

Sie beide hatten nicht geplant, die Familiengeschäfte zu übernehmen. Was hat den Ausschlag gegeben?

N: Ich bin im Bewusstsein um die Einzigartigkeit dieses Geschäfts aufgewachsen. Wo immer ich bin: Wenn das Gespräch auf Russ & Daughters kommt, hat jeder eine Anekdote parat. Als ich die Verbundenheit der Kunden spürte, begriff ich, dass es sich um etwas Wertvolles handelte. Um eine Tradition, die ich fortführen wollte.

Welcher Ort, welches Erlebnis verkörpert aus Ihrer Sicht die Seele von New York am besten?

J: Die Bar Freemans zwischen 2003 und 2006 als Yana dort Barista war. Mittwochabend um 18 Uhr.

N: Jeremiah Stone und Fabian von Hauske, Inhaber des Contra und des Wildair an der Orchard Street ... Ihr Werdegang in diesem Viertel, ihr Erfolg, das, was New York für sie bedeutet, die Möglichkeit, seine Träume zu verwirklichen. Das ist New York.

BEMELMANS BAR
THE CARLYLE (EINGANG AN DER MADISON AVE)
35 EAST 76TH ST

+1 (212) 744 1600   rosewoodhotels.com/en/the-carlyle-new-york/dining/bemelmans-bar

TAUCHEN SIE EIN – MIT EINEM MARTINI
UND EINEM KINDERBUCH

Das Bemelmans im Erdgeschoss des Hotel Carlyle empfängt seine Besucher in schönem Art-déco-Ambiente. Die Wände zieren die letzten noch öffentlich zu bewundernden Fresken von Ludwig Bemelmans, dem Autor der Kinderbuchreihe *Madeline*.

Ein Besuch hier ist stets mit gespannter Erwartung verbunden: Bekommen wir einen Tisch? Wer läuft uns über den Weg?

Wir setzen uns, nehmen den ersten Schluck unseres Martini Unser Herz schlägt schneller, als sich der Pianist an sein Instrument setzt und zu spielen beginnt. Am besten kommen Sie, bevor die Musik beginnt (täglich ab 17:30 Uhr), um diesen besonderen Moment zu erleben, und lassen sich dann vom Klang des Klaviers, vereinzelten Gesprächsfetzen und dem Klingen der Gläser verzaubern. Der Alkohol tut sein Übriges. Um uns herum die mondäne Welt der Upper East Side: Botox-Lippen, Würdenträger, ab und zu ein Promi. Hier und da dringt ein Lachen von einem Tisch herüber, doch wir sind gekommen, um in eleganter Atmosphäre die Musik zu genießen und den Geschichten zu lauschen, die über diese Mauern und zwischen ihnen erzählt werden.

#20

SCHENKEN WIE EIN
ECHTER NEW YORKER

Paula Rubenstein versteht es, seltene Juwelen zu finden, einzigartige Schätze, die ein weniger erfahrener Händler vielleicht nicht entdeckt hätte. Hervorragend, lassen wir also einfach sie für uns auf die Suche gehen! Ihr Geschäft an der Chrystie Street heißt schlicht wie sie und ist eine wahre Fundgrube, deren mit hübscher Patina überzogene Kostbarkeiten – Gemälde, Stoffe, Möbel, Bücher und antike Kuriositäten – 1001 Geschichten erzählen.

Die John Derian Company an der 2nd Street ist ein Concept Store für New Yorker, die auf der Suche nach dem perfekten Geschenk sind. Hier findet man französische Keramik aus der

PAULA RUBENSTEIN
195 CHRYSTIE ST

+1 (212) 966 8954   paularubenstein.com

JOHN DERIAN COMPANY
6 EAST SECOND ST

+1 (212) 677 3917

johnderian.com

Manufaktur Astier de Villatte und Kunstdrucke (*Decoupages*) von Hugo Guinness, auf die das angesagte New York ganz versessen ist. Auf keinen Fall entgehen lassen sollten Sie sich besondere Objekte wie Teller und Schalen mit Illustrationen aus botanischen Gärten und Prospekten des 18. und 19. Jahrhunderts.

Coming Soon ist das auf köstliche Art exzentrische Baby von Fabiana Faria und Helena Barquet. Die beiden haben ein Auge für handgearbeitete Keramik, bunte Teppiche, alte Möbel und eklektische Dekorationsobjekte. Terrazzo-Blumentöpfe, Milchglastassen, Duftkerzen und Räucherstäbchen sowie lustige bunte Objekte warten hier darauf, von Freunden zeitgenössischer Ästhetik entdeckt zu werden.

COMING SOON
53 CANAL ST

+1 (212) 226 4548

comingsoonnewyork.com

DAS KREATIVE UNIVERSUM
VON DONALD JUDD

Angesichts all der Luxusmarken, Boutiquehotels und bunten Restaurants ist es nur schwer vorstellbar, dass SoHo einst eine zwielichtige Gegend war, in der sich Künstler und Hausbesetzer Räume in alten Fabriken teilten. Heutzutage können sich nur wenige Künstler eine Wohnung in dem angesagten Stadtteil leisten. Im Jahr 1968 kaufte Donald Judd, Künstlerikone seiner Zeit, jedoch genau hier für 68.000 $ das Haus in der 101 Spring Street, um dort zu arbeiten und mit seiner Familie zu leben.

Haus und Studio von Donald Judd gleichen einer Zeitkapsel. Die Besucher erhalten einen faszinierenden Einblick in seinen geschützten kreativen Raum und erfahren, wie der Maler, Bildhauer und Architekt mit seinen Werken und denen seiner Zeitgenossen lebte. Außerdem wird hier ein eindrückliches Bild des Wandels von Stadtteilen gezeichnet, die sich durch den Einfluss von Künstlern von verlassenen Industriebrachen in kreative Zentren verwandeln und schließlich der Gentrifizierung anheimfallen. Eine faszinierende Reise durch Zeit, Arbeit, Inspiration und Erfolg.

DONALD JUDD FOUNDATION
101 SPRING ST

| Reservierung erforderlich | juddfoundation.org/visit/new-york | 25 $
15 $ ermäßigt (Schüler, Studenten und Rentner gegen Vorlage eines Nachweises) |

EIN THAI-AMERICAN DINER
IM RETRO-AMBIENTE

Unser Puls beschleunigt sich, kaum dass wir über die Schwelle treten und der Retro-Thai-Soundtrack an unsere Ohren dringt. Als Ann Redding und Matt Danzer ihr von den traditionellen Rezepten in Reddings Familie inspiriertes, sternedekoriertes Restaurant Uncle Boons eröffneten, hofften sie zwar, dass sie mit ihrem Konzept Erfolg haben würden, ahnten jedoch nicht, wie viele treue Fans das Uncle Boons mit seinem hervorragenden Essen und dem einfallsreichen Konzept schon bald haben würde. Als Uncle Boons im Zuge der COVID-19-Pandemie schließen musste, wanderten seine Anhänger einfach ein Stück weiter die Straße hinunter zum neuen Thai Diner von Ann und Matt, der etwas einfacher, aber nicht minder gut daherkommt.

Vor der Tur stehen Menschen Schlange, die sich auf thailändischen Hühnchensalat, würzig zubereitete gehackte Hühnerleber, *massaman neuh* und *khao soi* und dazu einen kühlen Bier-Slushy, spannende Weine und extravagante Cocktails und, als krönenden Abschluss, auf einen großen thailändischen Kokosnusseisbecher freuen.

THAI DINER
203 MOTT ST

+1 (646) 850 9480

thaidiner.com

© ALEX MUCCILLI

POETRY SLAM

Allen Ginsberg, Poet Laureate der Beat Generation, fand, dass nirgendwo auf der Welt die Integration so gut funktioniere wie im Nuyorican. Und das aus gutem Grund. Wenn wieder mal ein neuer Wolkenkratzer unsere Skyline verändert und es scheint, als würde das alte New York – das echte New York – langsam verschwinden, seine Ecken und Kanten verlieren und stattdessen die Stadt etwas zu sehr in neuem Glanz erstrahlen, ist es an der Zeit für einen Besuch im Nuyorican im East Village. An Open-Mic-Abenden legen an diesem traditionellen Treffpunkt Künstler jeder Herkunft und jeden Alters in vertrauter Atmosphäre ihre Seele offen: in Form von Musik, gesprochenem Wort oder Hip-Hop, unterstützt durch das rhythmische Klatschen des Publikums.

In einer Stadt, in der Wirtschaft und Kapitalismus oft vor Kreativität und Authentizität kommen, bietet das Nuyorican ein durch und durch lebensbejahendes Erlebnis. Und wer weiß, vielleicht begegnen Sie dort ja vor allen anderen einem aufgehenden Stern am weiten Künstlerhimmel.

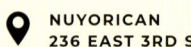

NUYORICAN
236 EAST 3RD ST

Tipp: Karten am besten im Voraus online kaufen. Meist wird es voll! Bedienung in der Reihenfolge der Ankunft

+1 (212) 780 9386

Für mehr Informationen und zur Reservierung besuchen Sie die Website nuyorican.org

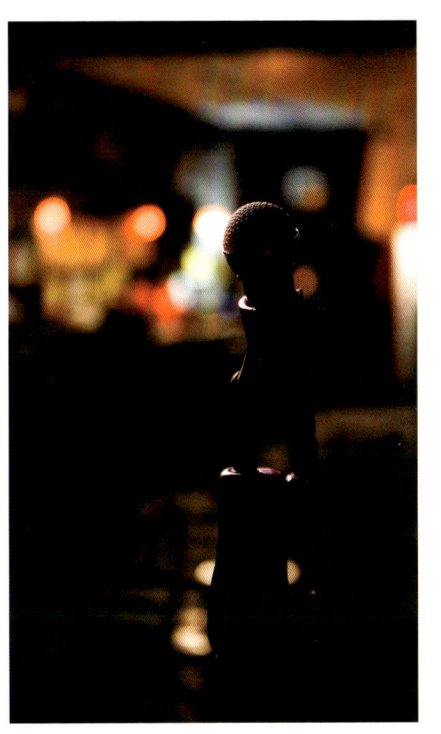

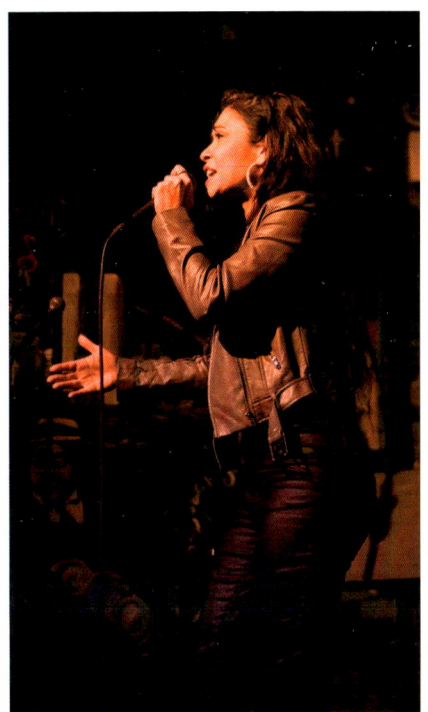

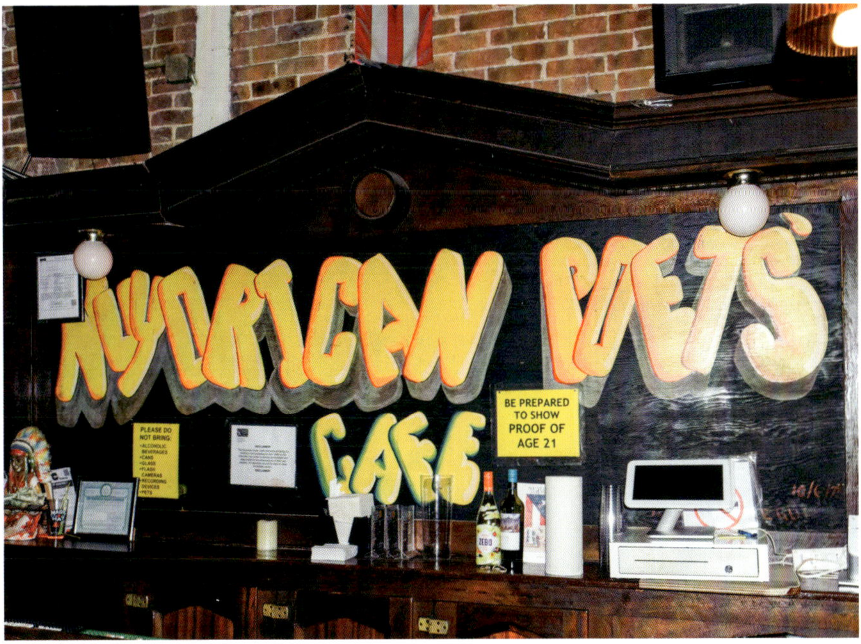
NUYORICAN POETS
CAFE
BE PREPARED TO SHOW PROOF OF AGE 21
PLEASE DO NOT BRING:
•ALCOHOLIC BEVERAGES
•CANS
•GLASS
•FLASH CAMERAS
•RECORDING DEVICES
•PETS

# #
24

DER CHARME
DES CENTRAL PARK

Der Central Park ist das Herz von Manhattan.

In unserem Betondschungel lechzen wir nach Grün, das uns wegbringt von Lärm, Verkehr und Chaos der Großstadt. Wenngleich Frederick Law Olmsted und Calvert Vaux bereits 1857 mit der Planung des Central Park als Landschaftsgarten begannen, dauerte es doch beinahe 20 Jahre bis zu seiner Fertigstellung. Für die Anlage auf seinerzeit weitgehend landwirtschaftlich genutzten Ländereien mussten ganze Dörfer umgesiedelt werden. Das ist New York!

Im Sommer strömen die Menschen in Scharen für ein Sonnenbad zum Sheep Meadow, im Winter stapfen wir zum Wollman Rink zum Eislaufen. Was den Park mit seinen 3,41 Quadratkilometern jedoch für uns New Yorker zu einem Juwel von unschätzbarem Wert macht, ist die Art, wie er in unserem Alltag präsent ist – sei es beim Spaziergang mit Freunden oder beim Gassigehen mit dem Hund, beim Picknick oder einfach um Ruhe zu finden und durchzuatmen.

Einige unserer Lieblingsplätze finden Sie auf der nächsten Seite …

CENTRAL PARK
VON 59TH STREET BIS 110TH STREET
UND ZWISCHEN 5TH AVENUE
UND CENTRAL PARK WEST, MANHATTAN

CENTRAL PARK

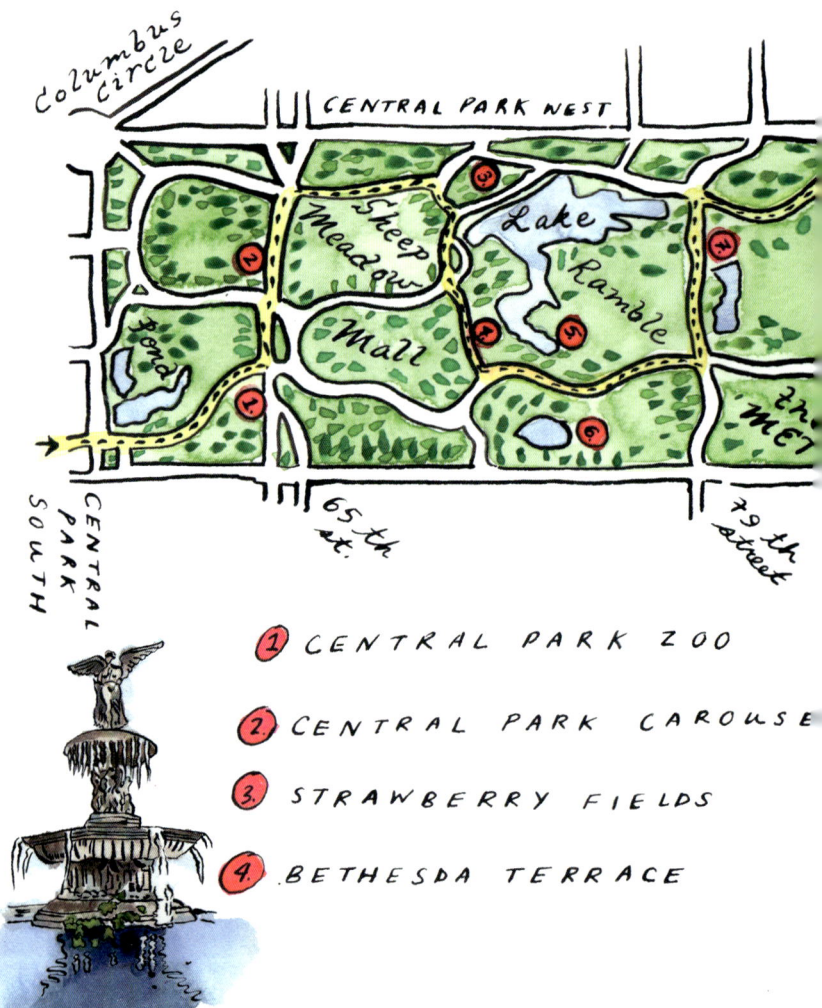

1. CENTRAL PARK ZOO
2. CENTRAL PARK CAROUSE[L]
3. STRAWBERRY FIELDS
4. BETHESDA TERRACE

5. THE LOEB BOATHOUSE
6. ALICE IN WONDERLAND
7. BELVEDERE CASTLE
8. DUKE ELLINGTON STATUE

INSIDERTIPPS FÜR EIN PERFEKTES **NEW-YORK-ERLEBNIS**

- Haben Sie keine Angst, nach dem Weg zu fragen. Die New Yorker sind unfreundlich? Ein Mythos – wir helfen sehr gern!

- Ein Tipp: Heben Sie den Blick! Ein Großteil der Stadt ragt in den Himmel. Machen Sie nicht den Fehler, ständig nur auf Ihr Handy zu schauen.

- Besuchen Sie das Metropolitan Museum of Art am Abend. Freitags und samstags ist es bis 21 Uhr geöffnet. Verpassen Sie auf keinen Fall den ägyptischen Flügel!

- Das Guggenheim Museum ist von Samstag bis Dienstag bis 20 Uhr geöffnet. Samstags zwischen 17 Uhr und 19:30 Uhr ist der Eintritt frei.

- Die Galerien in Chelsea sind sonntags und montags geschlossen.

- Wenn Sie auf das Empire State Building hinauf möchten, tun Sie das am Abend. Die Stadt, die niemals schläft, liegt Ihnen dann mit Tausenden Lichtern zu Füßen. Der letzte Aufzug fährt täglich um 1:15 Uhr.

- Verzichten Sie auf den Besuch der Freiheitsstatue zugunsten einer Bootsfahrt durch die Bucht. Vom Wasser aus haben Sie Miss Liberty und die Skyline viel besser im Blick. Ideales Ziel: Das LMCC's Arts Center, ein neues Zentrum für zeitgenössische Kunst auf Governors Island, das im Sommer geöffnet und nur per Fähre erreichbar ist.

- Die Fähren sind unsere Freunde: Diese Wassertaxis verbinden die verschiedenen Häfen, verschaffen eine Atempause von den Menschenmassen des öffentlichen Nahverkehrs und stehen nie im Stau.

- Erholen Sie sich für 10 $ bei einer Yogastunde von Yoga for the People.

- Um sich in letzter Minute ein Ticket für den Broadway zu sichern, flitzen Sie zu den Schaltern von TKTS am Times Square. Hier werden täglich ab 17 Uhr Restkarten verkauft.

- Entdecken Sie die besten Restaurants beim Lunch (Le Bernardin, Cosme, Casa Mono …).

- Citibikes sind eine geniale Erfindung. Wechseln Sie nicht die Spur, fahren Sie nicht gegen die Richtung!

- Bewundern Sie die Sternbilder an der Decke in der Grand Central Station. In der nordöstlich gelegenen Ecke der Kuppel finden Sie eine dunkle Stelle. Sie wurde bei der Reinigung so belassen, um den Besuchern zu zeigen, was hundert Jahre Rußeinwirkung anrichten können.

THE ISAMU NOGUCHI FOUNDATION AND GARDEN MUSEUM
9-01 33RD RD (ECKE VERNON BLVD)
LONG ISLAND CITY

+1 (718) 204 7088

noguchi.org

WIE SIE QUEENS
FÜR SICH ENTDECKEN

Es gibt unzählige Gründe, sein Herz an Queens zu verlieren. Nur 20 Minuten vom Zentrum Manhattans entfernt liegt das MoMA PS1, eine der größten Einrichtungen der USA für zeitgenössische Kunst. Ein unvergleichlich taktiles, entspanntes und faszinierendes Erlebnis bietet jedoch das Isamu Noguchi Foundation and Garden Museum. Hier ist es selten besonders voll, sodass man meist ganz ungestört die Arbeiten wegweisender japanischer Künstler und Designer aus Materialien wie Stein, Holz, Messing sowie, natürlich, Papier bewundern kann.

Auf keinen Fall sollten Sie Queens verlassen, ohne hier gegessen zu haben. Jackson Heights ist eine Erfahrung für sich – mehr Multikulti findet man kaum irgendwo auf der Welt, nicht einmal in New York City. Rund 6.000 (!) Restaurants gibt es in Queens, darunter Vertreter aller 120 Nationalitäten, die in diesem Stadtteil leben.

In „Little India" (74th Street/Roosevelt Avenue) ist die Auswahl besonders groß. Ein Durchgang zwischen Handyshops und Juwelier führt hinein zu Lhasa Fast Food, einem versteckten kleinen Restaurant, das köstliche Momos (südasiatische Teigtaschen) mit Rindfleisch und Schnittlauch sowie eine große Auswahl weiterer tibetischer Köstlichkeiten anbietet.

MoMA PS1
22–25 JACKSON AVE
LONG ISLAND CITY

+1 (718) 784 2086   moma.org/ps1

LHASA FRESH FOOD
81-09 41ST AVE
QUEENS

+1 (917) 745 0364

Die Essenz dessen, was wir am Essen in New York besonders lieben, finden Sie im Dawa's in Woodside: Hier setzt Küchenchefin Dawa Bhuti ihr himalayisches Erbe mittels bester Zutaten aus nachhaltiger Erzeugung um, wie sie das während ihrer Lehrzeit in gehobenen Restaurants in NYC verinnerlicht hat.

DAWA'S
51-18 SKILLMAN AVE
WOODSIDE

+1 (718) 899 8629

dawasnyc.com

© THE ODEON

EIN RESTAURANT –
HOFFENTLICH – FÜR DIE EWIGKEIT

1980 kamen drei Gastronomen – die Brüder Keith und Brian McNally und Lynn Wagenknecht, Initiatoren einiger der begehrtesten Locations der Stadt – auf die Idee, in einer Cafeteria aus den 1930er-Jahren die perfekte New Yorker Brasserie zu eröffnen.

Lange Jahre über prägte das Odeon, verewigt in dem Roman *Ein starker Abgang* von Jay McInernay und Treffpunkt namhafter Größen wie Basquiat, Warhol, Calvin Klein, Madonna und Robert DeNiro (um nur einige zu nennen), eine kokaingepuderte Ära der Exzesse. Wenngleich der Hype heute deutlich abgeflaut ist, steht das Restaurant, allen Ebben und Fluten unserer so bewegten Stadt zum Trotz, noch immer wie ein Fels in der Brandung. Auf der Karte ist für jeden etwas dabei. Vor allem echte New Yorker aus der Nachbarschaft gehen hier gerne vor Anker, Touristen trifft man eher selten an. Hoffen wir, dass uns dieser Ort noch weitere 40 Jahre erhalten bleiben wird.

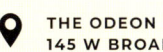

THE ODEON
145 W BROADWAY

+1 (212) 2330 507 theodeonrestaurant.com

IM GESPRÄCH

- ADAM PLATT -

Adam Platt ist Restaurantkritiker des *New York Magazine* und hat zwei Jahrzehnte lang über die Sorgen und Freuden der Gastronomie in unserer Stadt und die Verdienste unserer Essenskultur berichtet. Kürzlich erschien Platts Buch „The Book of Eating", in dem er von seiner Kindheit in Hongkong, Tokio und Frankreich erzählt und schließlich zu unserem bissigsten und unterhaltsamsten Kritiker wird.

Was denken Sie über unsere von Essen besessene Stadt?

In New York gibt es eine alte Essenskultur. Man entdeckt schnell, dass man hier nicht nur ab und zu ins Restaurant geht, sondern ständig. Die gemeinsame Familienmahlzeit findet oft auswärts statt. Die New Yorker verfügen über eine angeborene Neugier, den Wunsch, alte und neue Orte, unterschiedliche Stile zu entdecken. New York war schon immer besessen von allem und jedem, das oder der gerade „in" ist. Und dabei geht es nicht nur um das beste neue französische Restaurant, sondern viel prosaischer um die beste Pizza, die besten Ramen, den besten Burger ... um das Ende der gehobenen Küche und den Anfang einer Kochkultur des neuen Jahrtausends. Was in den letzten 15, 20 Jahren gastronomisch „in" war, war die Obsession der Köche: Zutaten, Technik, Einfachheit, Innereien oder was ihnen sonst einfiel.

Was macht New York in Sachen Essen einzigartig?

Eine Kombination aus drei Dingen: die lange Tradition der

Essenskultur, die große Stilvielfalt und die Nähe und Geschäftigkeit, die das Leben in dieser Stadt so wesentlich prägen. Die lange Tradition der Essenskultur gibt es auch in Tokio und Paris und jeder beliebigen italienischen Stadt. Was es dort nicht gibt, ist die Vielfalt. In Los Angeles gibt es eine irre Vielfalt, dafür aber keine Essenskultur. Hier bekommt man vielleicht nicht das beste chinesische, malayische oder mexikanische Essen, aber es gibt wenige Orte auf der Welt, an denen man von Viertel zu Viertel fährt und dabei die ganze Welt kulinarisch kennenlernt. New York ist der einzige Ort, an dem man in einem Stadtteil bleiben kann und dort der ganzen Welt begegnet.

> Die Vielfalt des Essens spiegelt die bunte Zusammensetzung der Bevölkerung von New York wider.

Wofür steht New York kulinarisch?

New York ist Fleisch und Kartoffeln. Eine Auster und ein Steak. Pizzaecken, Knisch, Bagels, Hotdogs. Etwas Spontanes. Etwas zum Mitnehmen. Etwas, das zu der Geschäftigkeit der Stadt passt. Unsere Speisen sind so angelegt, dass sie einem bewegten Tag in New York standhalten, sie sind relativ günstig und von zuverlässiger Qualität mit primären Aromen und *umami*. Speisen, die Ordnung ins Chaos bringen.

Welches Gericht, welches Essen ist für Sie typisch New York?

Eigentlich lautete meine Antwort darauf immer die Grand Central Oyster Bar, da sie mitten im Knotenpunkt dieser ganzen Bewegung liegt, wo jeder irgendwo herkommt und irgendwo hingeht. Außerdem stehen Austern wie nichts sonst für New York. Leider hat sie in letzter Zeit jedoch ziemlich nachgelassen. Le Bernardin ist wie alle großen Restaurants hier ein tolles Stadtteil-Restaurant. Ein Restaurant für die energiegeladenen älteren Bewohner von Midtown. Familiengeführt. Der Koch kommt von irgendwo anders her, aber er ist unbestritten ein New Yorker Koch, der in seinem Restaurant bleibt. Wer die Größe von New York spüren will, sollte zu einem späten Lunch ins Le Bernardin kommen.

88 EISSORTEN (UND SCHAUMWEIN)

Stellen Sie sich vor, Sie liebten Eiscreme so sehr, dass Sie sich veranlasst sähen, sieben Sorten Vanille, sechs Sorten Schokolade, fünf Sorten Caramel, fünf Sorten Kaffee und fünf Sorten Erdbeere anzubieten. Außerdem noch Sorten, die man sonst nirgendwo findet, etwa Pistazie-Shiso, Banane-Curry und Pinienkerne-Salz&Pfeffer.

Zum Glück für uns ist Nicholas Morgenstern genau so ein Eiscremefanatiker. Seine Eisdiele in Greenwich Village bietet 88 Sorten aus besten natürlichen Zutaten an. Außerdem befinden sich dort eine Sundae-Bar – mit einem großartigen Burger-Pommes-Menü – und die winzige Champagnerbar Morgenstern's Fizzy Bubbly.

Kurz: Morgenstern's Finest Ice Cream ist der Himmel auf Erden.

 MORGENSTERN'S FINEST ICE CREAM
88 WEST HOUSTON ST

+1 (212) 209 7684   morgensternsnyc.com

CAKES
BIG SLICE $11/A LA MODE $14

**MILE HIGH COCONUT &
PANDAN CAKE**
A LA MODE WITH BLACK CURRANT SORBET

MANHATTAN BLACKOUT
A LA MODE WITH CHOCOLATE & ASH
ICE CREAMS

ICE CREAM CAKES
BIG SLICE $13

PEANUT BUTTER WOLF
SALTED PEANUT BUTTER & CHOCOLATE
ICE CREAMS W/RAW MILK

VIETNAMESE COFFEE
VIETNAMESE COFFEE ICE CREAM &
COFFEE CRUMB CAKE W/WHIPPED CONDENSED
MILK

KIDS MENU
CUP/CONE $4

MINI MORGENSTERN
MINI VERSION OF THE CLASSIC MORGENSTERN
SALTED PRETZEL STANDARD

BUTTERSCOTCH BANGER $7.5
VANILLA ICE CREAM CARAMEL & CREAM

LITTLE LION HEARTED $5
HONEY ICE CREAM CHOCOLATE

SWEET DRINKS
HOUSE SODAS $2.5

FLOATS $8
CHOOSE TWO DIPS OF ANY ICE CREAM FLAVOR IN YOUR
CHOICE OF HOUSEMADE SODA

SHAKES $9/12
YOUR CHOICE OF ICE CREAM FLAVOR —
MAKE IT A COMBO BY ADDING $1!

COOLERS $8
YOUR CHOICE OF SORBET FLAVOR

AFFOGATO $6.5
ESPRESSO & ICE CREAM

ICE CREAM STANDARDS

CHOCOLATE DELUXE $13
CHOCOLATE CAKES, CHOCOLATE ICE CREAMS,
CHOCOLATE SORBET, CHOCOLATE WHIPPING CREAM

B&W PROFITEROLES $12
TWO DIPS OF ANY ICE CREAM FLAVOR —
LABNE SORBET, CHOCOLATE SORBET,
LABNE AND CHOCOLATE SAUCES

PINEAPPLE DREAMS $6.5
ASH ICE CREAM, PINEAPPLE, AND LEMON

MATCHA & MELON SUNDAE $13
MATCHA ICE CREAM, CANTALOUPE SORBET,
GREEN TEA CAKES, PICKLED CANTALOUPE
WHIPPED CREAM AND SHAVED PISTACHIO

STRAWBERRY ICE CREAM SANDWICH
$11
STRAWBERRY JAM N' SOUR CREAM ICE CREAMS ON
BROWN SUGAR MILK BREAD

KING KONG BANANA SPLIT $20
FIVE SCOOPS OF ICE CREAM, BANANAS,
SESAME CARAMEL, PINEAPPLE, LUXARDO

SALTED CARAMEL PRETZEL $13
SALTED CARAMEL ICE CREAM W CARAMEL CAKES,
PRETZELS, CARAMEL SAUCE AND WHIPPED CREAM

THE NEW GOD FLOW $12
MELTING RAW MILK ICE CREAM ON JAPANESE WHITE
BREAD WITH CARAMELIZED HONEY

HOT TIN ROOF PICOSO'S CLASSICS $12
OLD GRAND-DAD BOURBON VANILLA ICE CREAM,
HOT FUDGE PICOSO'S, PEANUTS, JUNIOR MINTS

AVOCADO ICE CREAM TOAST $6.5
AVOCADO ICE CREAM ON JAPANESE WHITE BREAD
OLIVE OIL, CONDENSED MILK AND SALT

ICE CREAM FLAVOR
CUP/CONE • 1 DIP $4.5 • 2 DIP
MONSTER CONE • 1 DIP $5.5 •

PARLOR FAVORITES
SALT N' PEPPER PINENUT
CHOCOLATE OAT
FERNET BLACK WALNUT
BLACK LICORICE
AMERICAN EGG
RAW MILK
GREEN TEA PISTACHIO
BURNT SAGE

VANILLAS
MADAGASCAR VANILLA
BOURBON VANILLA
BURNT HONEY VANILLA
FRENCH VANILLA
VANILLA CHIP
ANGEL FOOD VANILLA
BLACK PEPPER MOLASSES

CHOCOLATES
SALTED CHOCOLATE
BITTER CHOCOLATE
DUSTY GIANDUJA
ROCKIEST ROAD
SZECHUAN CHOCOLATE
CHOCOLATE
OLIVE OIL CHOCOLATE ORANGE

CARAMELS
BITTER PRETZEL
BUTTERSCOTCH
CARAMEL CHIP
SESAME CARAMEL
CINNAMON WHIS

PASTRAMI
ON RYE

Sobald man, ausgestattet mit einem kleinen orangenen Zettel, über die Schwelle des Katz's tritt, beginnt die kribbelige Vorfreude. Grund dafür ist nicht allein die Aussicht, gleich ein leckeres Pastrami-Sandwich in Händen zu halten, sondern die gesamte Stimmung – Energie und Freude in Reinform –, die einen hier alsbald umfängt.

Seit seiner Eröffnung 1888 hat es das Katz's immer verstanden, den Bewohnern des Viertels gutes Essen und eine Wohlfühlatmosphäre zu bieten. Ende des 19. Jahrhunderts wurde das Restaurant zum Hauptquartier der Gemeinschaft jüdischer Einwanderer in New York. Seitdem geben sich hier – wie die vielen Fotos an den Wänden bezeugen – Promis die Klinke in die Hand. Die New Yorker lieben das Katz's jedoch vor allem wegen seiner Authentizität und Beständigkeit.

TIPP: Roggensandwich mit Pastrami und Senf bestellen und einfach genießen. Serviert mit pikanten Essiggürkchen. Ebenfalls empfehlenswert: der Coleslaw.

KATZ'S DELICATESSEN
205 EAST HOUSTON ST
(ECKE LUDLOW ST)

+1 (212) 254 2246   katzsdelicatessen.com

- SYLVIA WEINSTOCK -

LEBENSWEISHEITEN EINER GEBÜRTIGEN NEW YORKERIN UND AUSSERGEWÖHNLICHEN BÄCKERIN. KURZ VOR IHREM TOD IM NOVEMBER 202 SPRACH SIE IM ALTER VON ÜBER 90 JAHREN MIT SOUL OF NEW YORK

Wo sind Sie aufgewachsen?

Ich bin in Williamsburg an der Ecke North 8th Street/Bedford Avenue in einer Schlauchwohnung aufgewachsen, in der es nur kaltes Wasser gab. Mit 19 zog ich aus und heiratete. Ich kehrte nie zurück ... Außer neulich, als ich zum Abendessen im Wythe Hotel war. Beinahe hätte ich angehalten und mir die Ecke angesehen. Aber ich blicke lieber nach vorn. Also ging ich weiter. Das Kapitel ist abgeschlossen. Das ist ein guter Trick: lernen, wie man weitermacht.

Ich bin gern alt. Heute komme ich mit jeder Menge Quatsch durch.

Wie lange leben Sie schon in Tribeca?

Ich bin seit 1983 hier und werde nicht mehr wegziehen. Wenn ich meine Wohnung verlasse, dann mit den Füßen voraus.

Wie sieht Ihr New York aus? Ihr Tribeca?

Die Stadt ist auf verschiedene Weise geteilt. Auf der einen Seite die Upper East Side mit ihren geschniegelten Gehwegen, wo alle in großen Wohnblöcken leben und keiner den anderen kennt. Downtown ist völlig anders. Hier spricht jeder mit jedem, auf der Straße, im Aufzug. Als ich vor zwei Jahren nach einem Unfall am Stock ging, kamen die Leute auf mich zu und fragten: Kann ich Ihnen über die Straße helfen? Soll ich Ihre Tasche tragen? Ich fühle mich hier wohl. Die Menschen helfen sich und lassen sich helfen. Sie holen einander ab. Sie sagen: „Dein Mantel gefällt mir!"

Wie hat sich Tribeca verändert, seit Sie hier leben?

Statt all der Lofts gab es hier Fabriken. Dann kamen die Künstler und wohnten für 20 $ Miete im Monat auf 5.000 Quadratmetern. Doch die Eigentümer begriffen, dass da mehr Geld drin war. Heute zahlen manche Leute hier 15.000 $ Miete monatlich. In den Lofts leben junge Familien.

Wohin gehen Sie gern zum Essen?

Meistens esse ich zu Hause. Ich koche für Köche – einfache Sachen, doch sie freuen sich, in einer Wohnung essen zu können und nicht in einem Restaurant. Sooft ich kann, esse ich in der Nähe, denn ich möchte mein Viertel unterstützen. Ich gehe ins Odeon, Frenchette, Petrarca. Neulich war ich im Tamarind. Vor Jahren, als ich noch studierte, bekam man für 1,95 $ ein Drei Gänge-Menü. Das Leben war anders. Nickels (Fünf-Cent-Münzen) gibt es gar nicht mehr.

Was haben Sie beruflich gemacht?

Ich war 40 Jahre lang Inhaberin von Sylvia Weinstock Cakes und hatte sehr viele Kunden.

Außenstehende finden New York City sehr anstrengend. Was sagen Sie ihnen?

New York ist eine Stadt voller Energie, aber nicht stressig. Es kommt auf die Einstellung an. Wie jemand geht, wie jemand spricht … Wir sind eine liberale Stadt: Tattoos bis zum Hals, im mittleren Westen wäre so etwas nicht möglich. Deshalb sind die Menschen von dort fortgegangen und hierhergekommen! Sie werden angezogen von einer Stadt, in der man sie so akzeptiert, wie sie sind, und die außerdem aufregend ist.

Ist New York immer noch aufregend?

Das Aufregende kommt von den Menschen und von deiner Einstellung. Man kann sich natürlich im Rollstuhl an die Straßenecke setzen und auf den Tod warten. Oder man geht raus zum Lunch, spricht mit jungen Leuten und entdeckt ihre Welt … Menschen sind wunderbar! Hier zu leben gibt Energie.

DAHINTREIBEN IN EINER
RÖMISCHEN THERME

Ein Besuch in den Aire Ancient Baths in Tribeca fühlt sich an, als sei man plötzlich in eine andere Dimension eingetaucht. Das Thermalbad in einer alten Textilfabrik von 1833 mit herrlichen Balken und unverputztem Gemäuer ist in wohltuendes Licht getaucht und strahlt eine sinnliche Ruhe aus. Der ideale Ort, um dem Lärm und Chaos der Stadt für eine Weile zu entfliehen (und sich wie im Rom des 5. Jahrhunderts zu fühlen). Die Anlagen und Behandlungen lassen sich mit denen in einem Fünf-Sterne-Hotel vergleichen.

Besonderes Highlight sind die vielen Angebote für Pärchen, wie das Rotweinbad in spanischem Ribera del Duero. Wir lieben es noch mehr, uns nach einem Meersalz-Peeling einfach im Meerwasserpool treiben zu lassen.

 AIRE ANCIENT BATHS
88 FRANKLIN ST

+1 (646) 878 6174

beaire.com
bookingnytribeca@beaire.com

EIN HOTEL
FÜR JEDEN ABEND

„Wohin gehen wir tanzen?" Diese Frage hört man in New York immer wieder. Hier sind zwei einzigartige, unvergessliche Vorschläge für Sie, beide im Roxy Hotel in Tribeca.

Wer zu dem Jazzclub The Django hinuntersteigt, fühlt sich ins Paris der wilden 1920er-Jahre versetzt. Sänger in stylishen Vintage-Anzügen bringen mit tiefer Stimme Liebeslieder dar und die eigenen Füße wollen nichts anderes, als einfach nur tanzen.

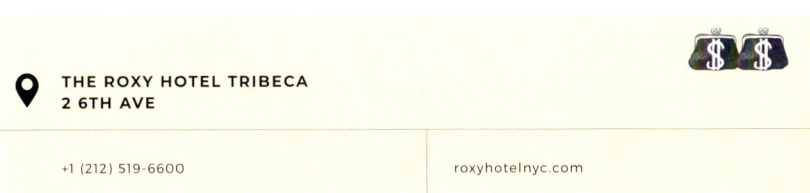

THE ROXY HOTEL TRIBECA
2 6TH AVE

+1 (212) 519-6600

roxyhotelnyc.com

Im rosafarbenen Ambiente von Paul's Cocktail Lounge, dem Club des legendären Paul Sevigny, legen derweil die DJs die besten Feel-good-Hits aller Zeiten auf. Diesen Ort muss Mark Ronson in seinem Song „Leaving Los Feliz" meinen. Bewundern Sie vom Dancefloor aus die Gemälde des vielversprechenden jungen Künstlers Josh Smith.

Fun Fact: Sehen Sie Roger, den eleganten weißhaarigen Gentleman hinter der Cocktailbar? Er war Madonnas erster Freund, als sie Ende der 1970er-Jahre nach New York kam.

TIPP: Sagen Sie, dass wir Sie geschickt haben. Mit etwas Glück kommen Sie dann hinein. xxx Tarajia

THE DJANGO
THE ROXY HOTEL TRIBECA
2 6TH AVE

thedjangonyc.com

PAUL'S BABY GRAND
THE ROXY HOTEL TRIBECA
2 6TH AVE

roxyhotelnyc.com/dining/pauls-cocktail-lounge

Wer die Lounge betreten darf, liegt im Ermessen des Türstehers

Die 31. Adresse wird in der „Soul Of"-Reihe nicht verraten. Sie ist einfach zu vertraulich. Finden Sie selbst heraus, wohin es geht.

EIN UNGESCHLIFFENER **DIAMANT**

Restaurant und Co-Working-Space, Kreativität und Gemeinschaft. Unser 31. Erlebnis ist anders als alles, was Sie kennen. Gut versteckt mitten in der Stockton Street in Bed-Stuy, ist unsere Nummer 31 tagsüber Heimat der erfindungsreichsten Tastemaker der Stadt, zu denen auch der Gründer, ein argentinischer Keramiker-Koch-Unternehmer, zählt, sowie der glücklichen Mitglieder, die den Ort ihr „Büro" nennen dürfen. Abends übernehmen Gastköche das Zepter und servieren innovative, ständig wechselnde Menüs.

 EIN TIPP: DER NÄCHSTGELEGENE BAHNHOF IST MYRTLE

ostudiony.com

BILDNACHWEIS: CENTL&HYERS

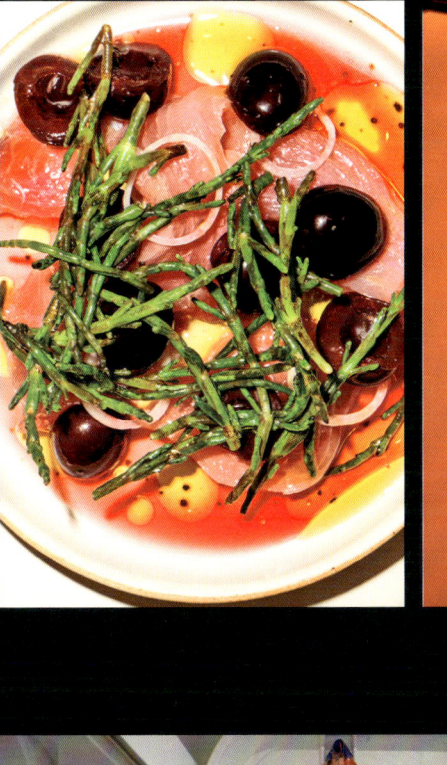

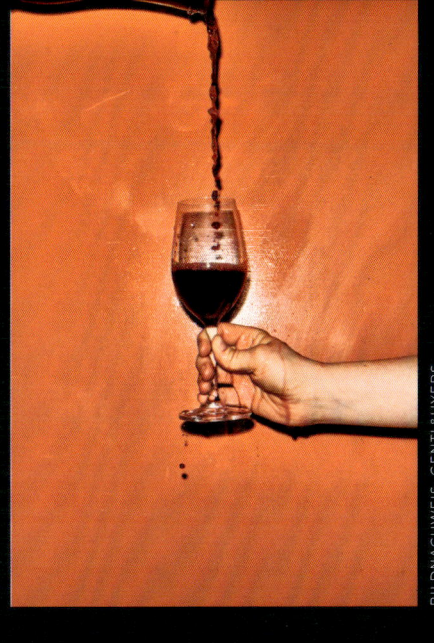

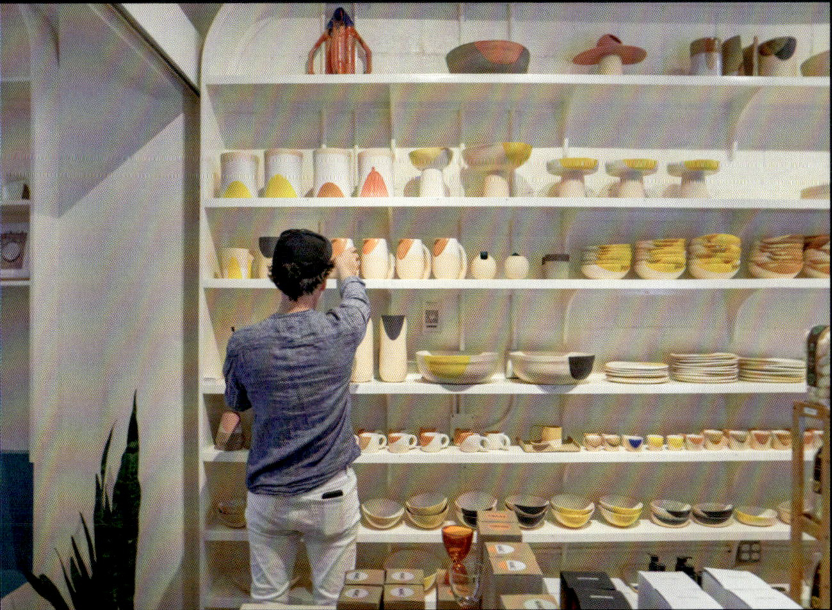

BILDNACHWEIS: GIADA PAOLONI

ICH DANKE

FANY PÉCHIODAT für die Gelegenheit, mich erneut in meine Heimatstadt zu verlieben.

LIZ BARCLAY UND ABBIE ZUIDEMA für ihre Ausdauer, Großzügigkeit und ihre wunderbaren Bilder, die dieses Buch erst so richtig zum Leben erwecken.

THOMAS JONGLEZ für sein großartiges Gespür dafür, wonach neugierige, moderne Reisende suchen.

EMILIEN CRESPO für die Lieder und dafür, dass er mich Fany vorgestellt und mich ermuntert hat, den Menschen mein New York zu zeigen.

ANNA POLONSKY UND FERNANDO ACIAR dafür, dass sie mich zu Gourmets und Freunden auf der ganzen Welt mitnehmen und überhaupt für ihren Beitrag zu diesem Buch.

NASTASSIA LOPEZ fürs Zuhören und Lesen und für ihren guten Rat und ihre Freundschaft.

ADAM PLATT dafür, dass er mich zum Lachen gebracht und mir gezeigt hat, wie wichtig Restaurants im Leben sind, schon Jahre bevor wir uns überhaupt kennenlernten.

SYLVIA WEINSTOCK für ihre Klugheit und ihre so ansteckende Lebenslust.

MEINER MUTTER CATHY MORRELL für ihre stete Unterstützung und ihr scharfes redaktionelles Auge.

MEINEM VATER PETER MORRELL dafür, dass er mir von Anfang an die Liebe zu Restaurants – vom einfachen Diner bis zum gehobenen Restaurant – vermittelt hat.

Dieses Buch ist das Werk von:
Tarajia Morrell, Autorin
Liz Barclay, Fotografin
Abbie Zuidema, Illustratorin
Emmanuelle Willard Toulemonde, Layout
Nathalie Chebou-Moth und Roberto Sassi, Publisher
Tanja Felder, Übersetzerin
Christiane Manz, Lea Intelmann und Karin Leonhart, Korrektorinnen

Schreiben Sie uns an contact@soul-of-cities.com
Folgen Sie uns auf Instagram unter @soul_of_guides

In der gleichen Kollektion:

Soul of Amsterdam

Soul of Athen

Soul of Barcelona

Soul of Berlin

Soul of Kyoto

Soul of Lissabon

Soul of Los Angeles

Soul of Marrakesch

Soul of Rom

Soul of Tokyo

Soul of Venedig

Umschlagfoto: © Zachary Shakked auf Unsplash

Foto Umschlagrückseite: © Victor Toulemonde

Gemäß geltender Rechtsprechung (Toulouse 14.01.1887) haftet der Verlag nicht für unbeabsichtigte Fehler oder Auslassungen, die in dem Reiseführer trotz größter Sorgfalt der Verlagsmitarbeiter möglicherweise vorhanden sind. Jede Vervielfältigung dieses Buches oder von Teilen daraus ohne ausdrückliche Genehmigung des Verlages ist untersagt.

© JONGLEZ 2024
April 2024 – 3. Auflage
ISBN: 978-2-36195-722-3
Gedruckt in der Slowakei bei Polygraf